Sterne drücken die Sehnsucht aus, dass Gott meine innere Dunkelheit erleuchtet.

Anselm Grün

Ein Stern führt durch die Dunkelheit

Gedanken zu Advent und Weihnachten

ANSELM GRÜN

benno

Der Stern der Sehnsucht

Die Adventszeit hat mich als Kind immer sehr bewegt. Und sie berührt mich auch heute noch. Wenn ich die wunderbaren Texte aus dem Propheten Jesaja höre und die Adventslieder singe, dann komme ich in Berührung mit einer tiefen Sehnsucht, dass mein Leben heil werde und dass Gott diese Welt mit seinem Frieden und seiner Liebe erfüllen möge. Es ist keine nostalgische Sehnsucht, sondern eine Sehnsucht, die mein Leben und das Leben der Menschen um mich herum und aller Völker verwandeln will. Es sind keine salbungsvollen Worte, die ich nur höre, um mich wohl zu fühlen, sondern Worte, die mir die Augen öffnen, damit ich diese Welt hoffnungsvoller sehe. Wenn mein Herz voller Hoffnung ist für die Menschen, dann werde ich anders mit ihnen umgehen. Die Hoffnung, die die Adventszeit in mir bewirkt, bleibt nicht folgenlos für diese Welt. Sie ist wie ein Sauerteig, der das Mehl dieser Welt zu durchsäuern vermag.

Ein Bild für die Sehnsucht, die die Adventszeit in uns wecken möchte, ist der Stern. Der Stern, der am nächtlichen Himmel leuchtet, ist seit jeher ein Symbol für das göttliche Licht, das die menschliche Finsternis erhellt. Mich fasziniert es jedes Mal, wenn nachts ein klarer Sternenhimmel leuchtet. Mein Vater hat mir schon als Kind die vielen Sternenbilder erklärt. Sterne drücken die Sehnsucht aus, dass Gott meine innere Dunkelheit erleuchtet und dass er mir in der Fremde Heimat schafft. Im Internat hat uns unser Regens immer wieder das Lied vorgesungen, das er in amerikanischer Gefangenschaft seinen Mitgefangenen singen musste: »Heimat deine Sterne«. Die Adventszeit verheißt uns, dass Gott in unsere Welt kommt. Und wenn Gott in unsere Welt kommt, dann wird die Welt für uns zur Heimat. Denn daheim sein kann man nur, wo das Geheimnis wohnt. Durch Gottes Kommen in unsere Welt wird diese Welt für uns zur Wohnung. Das deutsche Wort »wohnen« heißt von der indogermanischen Wurzel her: »Behagen empfinden, Gefallen finden, bleiben «. Ich kann nur dort wohnen, wo ich mich wohl fühle. Und offensichtlich haben die Menschen seit jeher gespürt, dass sie es bei sich nicht aushalten können, wenn nicht Gott bei ihnen wohnt. Ohne Gott wird die Welt unmenschlich und hart. Doch wenn Gott bei uns Wohnung nimmt, in der Seele jedes Einzelnen, in unseren Häusern und Gemeinschaften, in dieser Welt, dann wird diese Welt ein Ort, an dem wir bleiben, wohnen können. Und deshalb schmücken wir unsere

Häuser in der Adventszeit, damit sie »wohnlich« werden, damit im Tannengrün Leben kommt in unsere Starre, im Licht der Kerze Helligkeit in unsere Finsternis und Wärme in unsere Kälte. Und wir hängen Sterne an unsere Fenster, um unsere Sehnsucht nach Heimat und Geborgenheit auszudrücken, die Gott uns jetzt schon schenkt, indem er zu uns kommt, und die er als ewige Wohnung für uns bereithält, wenn er für immer kommen wird, um diese Welt heimzuholen in sein ewiges Licht.

Der Stern der Sehnsucht führt uns in der Adventszeit durch die Dunkelheit. Die Zeit des Advents ist die Zeit, in der unsere vielen Süchte wieder in Sehnsucht verwandelt werden. Wenn wir auf dem Grund unserer Süchte die Sehnsucht entdecken, dann wird unser Leben heil, dann weitet sich das Herz. Sucht ist immer Muttersersatz, ein Zurück in den bergenden Mutterschoß. Aber Sucht führt immer in die Illusion. Die Sehnsucht, die der Adventsstern in uns weckt, lädt uns ein, uns auf diese Welt einzulassen und uns mit ihr auszusöhnen, weil sie nicht die unwirtliche und oft genug feindliche Welt ist, sondern eine Welt, die durch das Kommen Gottes zur Heimat geworden ist.

Anselm Grün

» Seid also wachsam! Denn ihr wisst nicht, an welchem Tag euer Herr kommt. Bedenkt: Wenn der Herr des Hauses wüsste, zu welcher Stunde in der Nacht der Dieb kommt, würde er wach bleiben und nicht zulassen, dass man in sein Haus einbricht. Darum haltet auch ihr euch bereit! Denn der Menschensohn kommt zu einer Stunde, in der ihr es nicht erwartet. «

Mt 24, 42–44

Seid wachsam, denn ihr wisst nicht, wann der Herr kommt.

Am ersten Adventssonntag mahnt uns Jesus in seiner Rede über die Wiederkunft des Menschensohnes: »Seid also wachsam! Denn ihr wisst nicht, an welchem Tag der Herr kommt.« (*Mt 24, 42*) Das deutsche Wort »wachen« bedeutet eigentlich: »frisch, munter sein«. Wer wachsam ist, der erlebt jeden Augenblick bewusst, der ist in jedem Augenblick lebendig. Wachen heißt Aufwachen zur Wirklichkeit, die schlaftrunkenen Augen öffnen, um die Wirklichkeit so zu sehen, wie sie ist. Zur Wachsamkeit gehört die Achtsamkeit und die Behutsamkeit. Wachsamkeit heißt: Aufwachen aus dem Schlaf der Illusionen. Achtsamkeit bedeutet: auf jeden Augenblick aufmerken, hinhorchen, was Gott mir in den leisen Impulsen meines Herzens zuflüstern möchte. Und Behutsamkeit meint: schützend das Leben bedecken, das sich leise in mir regt.

» Bedenkt die gegenwärtige Zeit: Die Stunde ist gekommen, aufzustehen vom Schlaf. Denn jetzt ist das Heil uns näher als zu der Zeit, da wir gläubig wurden. Die Nacht ist vorgerückt, der Tag ist nahe. Darum lasst uns ablegen die Werke der Finsternis und anlegen die Waffen des Lichts. Lasst uns ehrenhaft leben wie am Tag, ohne maßloses Essen und Trinken, ohne Unzucht und Ausschweifung, ohne Streit und Eifersucht. Legt (als neues Gewand) den Herrn Jesus Christus an. «

Röm 13, 11-14 a

Die Stunde ist gekommen, aufzustehen vom Schlaf.

Versuche, in dieser Adventszeit einmal wach durch die Fußgängerzone deiner Stadt zu gehen und auf die Menschen Acht zu geben, die da durch die Straßen hetzen. Horche in sie hinein, was sie so treibt. Wer hetzt, der hasst sich selbst. Wieviel Selbsthass liegt in der Hetze der Vorweihnachtszeit! Achte auf dich, auf deine Seele, damit sie atmen kann, damit du in Einklang kommst mit dir selbst. Und gehe behutsam mit dir und deiner Zeit um! Schütze den Raum der Stille, den Raum des Nachdenkens, den Raum der Besinnung. Schütze dich selbst vor der Hetze, die um dich herum ist. Gehe behutsam um mit allem, was du in die Hand nimmst. Jetzt im Augenblick kommt Jesus zu dir. Und wenn Er kommt, dann wird dein Leben heil und ganz, dann kommst du zu dir selbst, dann kommst du zum Leben.

» Doch aus dem Baumstumpf Isais wächst ein Reis hervor, ein junger Trieb aus seinen Wurzeln bringt Frucht. Der Geist des Herrn lässt sich nieder auf ihm: der Geist der Weisheit und der Einsicht, der Geist des Rates und der Stärke, der Geist der Erkenntnis und der Gottesfurcht. «

Jes 11, 1-2

Aus dem Baumstumpf Isais wächst ein Reis hervor.

Am 2. Adventssonntag lesen wir die Worte aus dem Propheten Jesaja, in denen uns verheißen wird, dass aus dem Baumstumpf Isais ein Reis hervorwächst. Dort, wo unser Leben gescheitert ist, wo etwas abgeschnitten wurde, da setzt Gott einen neuen Anfang, dass auch das zerbrochene Leben gelingt. Ein Bild für das gelingende Leben ist der Adventskranz. Der Kranz wurde in der Antike dem Sieger auf den Kopf gesetzt. Er zeigt, dass unser Leben gelingen wird, dass wir siegen werden in unserem Lebenskampf. Wir zünden an jedem Sonntag eine Kerze mehr an. Die Kerze steht für das Licht, das durch Christus in diese Welt kommt.

» In jenen Tagen trat Johannes der Täufer auf und verkündete in der Wüste von Judäa: Kehrt um! Denn das Himmelreich ist nahe. Er war es, von dem der Prophet Jesaja gesagt hat: Eine Stimme ruft in der Wüste: Bereitet dem Herrn den Weg! Ebnet ihm die Straßen! Bringt Frucht hervor, die eure Umkehr zeigt, und meint nicht, ihr könntet sagen: Wir haben ja Abraham zum Vater. Denn ich sage euch: Gott kann aus diesen Steinen Kinder Abrahams machen. Schon ist die Axt an die Wurzel der Bäume gelegt; jeder Baum, der keine gute Frucht hervorbringt, wird umgehauen und ins Feuer geworfen. «

Mt 3,1-3. 8-10

Bereitet dem Herrn den Weg.
Ebnet ihm die Straßen.

Jede Kerze des Adventskranzes hat ihre eigene Symbolik. Die erste Kerze steht für die Hoffnung, dass eine einzige Kerze genügt, um die Dunkelheit meines Herzens zu erleuchten. Sie bringt Wärme in meine Kälte, Milde in meine Härte, Zärtlichkeit in meine Erstarrung. Die zweite verweist auf die Polarität meines Lebens. Ich bin nicht eindeutig, sondern voller Gegensätze. In mir sind Liebe und Hass, Angst und Vertrauen, Kraft und Schwäche. Christus will alle Gegensätze meines Lebens versöhnen, damit sie aufhören, sich zu bekämpfen. Die dritte Kerze steht für die drei Bereiche des Menschen, für Geist, Seele und Leib, für Kopf, Herz und Bauch. Und in der dritten Kerze leuchtet der dreifaltige Gott auf, der alles in mir hineinnimmt in die Gemeinschaft zwischen Vater, Sohn und Heiligem Geist. Die vierte Kerze ist die Verheißung, dass sich mein Leben verwandelt. Vierzig Jahre hat es gedauert, bis Israel durch die Wüste gezogen ist und das Gelobte Land betreten hat. Vier Wochen Adventszeit wollen unser Leben verwandeln, damit wir an Weihnachten neu geboren werden.

» Die Wüste und das trockene Land sollen sich freuen, die Steppe soll jubeln und blühen. Sie soll prächtig blühen wie eine Lilie, jubeln soll sie, jubeln und jauchzen. Man wird die Herrlichkeit des Herrn sehen, die Pracht unseres Gottes. Macht die erschlafften Hände wieder stark und die wankenden Knie wieder fest! Sagt den Verzagten: habt Mut, fürchtet euch nicht. Seht, hier ist euer Gott. «

Jes 35, 1-4

Die Wüste und das trockene Land sollen sich freuen, die Steppe soll jubeln und blühen.

Die Verheißung des dritten Adventssonntags lautet: »Die Wüste und das trockene Land sollen sich freuen, die Steppe soll jubeln und blühen.« (*Jes 35,1*) Am Sonntag »Gaudete« lädt uns die Kirche zur Freude ein über das Kommen des Herrn. Wenn Christus eintritt in unser Leben, dann beginnt die Wüste in uns zu blühen. Oft genug erfahren wir uns als Wüste. Um uns herum ist die Wüste der Städte, die Anonymität, die Vereinsamung, die Trostlosigkeit, die Resignation. Wir sind ausgebrannt. Wir funktionieren nur noch. In unserer Seelenwüste hausen die Dämonen. Es ist nicht angenehm, in diese Wüste hineinzugehen. Aber nur wenn wir uns in die Wüste unseres Herzens hineinwagen, können wir dort den Weg für das Kommen Jesu bereiten. Und wenn Jesus in unsere Wüste kommt, dann beginnt sie zu blühen, dann brechen mitten in der Öde Quellen frischen Wassers auf.

» Darum, Brüder, haltet geduldig aus bis zur Ankunft des Herrn! Auch der Bauer wartet auf die kostbare Frucht der Erde, er wartet geduldig, bis im Herbst und im Frühjahr der Regen fällt. Ebenso geduldig sollt auch ihr sein. Macht euer Herz stark, denn die Ankunft des Herrn steht nahe bevor. Klagt nicht übereinander, Brüder, damit ihr nicht gerichtet werdet. Seht, der Richter steht schon vor der Tür. Brüder, im Leiden und in der Geduld nehmt euch die Propheten zum Vorbild, die im Namen des Herrn gesprochen haben. Wer geduldig alles ertragen hat, den preisen wir glücklich. «

Jak 5,7-11 a

Wer geduldig alles ertragen hat, den preisen wir glücklich.

Viele klagen darüber, dass der Aufruf zur Freude an ihnen vorbeigehe und nichts bewirke. Sie könnten ihre Gefühle nicht einfach ändern, nur weil jetzt der dritte Adventssonntag sei. Sie seien noch voll von Frustration und Enttäuschung über ihr Leben. Die Kirchenväter sprechen von der unzerstörbaren Freude, die Gott uns schenkt. Und diese Freude bewährt sich gerade dort, wo nach außen hin alles trostlos erscheint. Die Adventszeit will uns mit der inneren Freude in Berührung bringen, die tiefer liegt als unsere Angst und Trauer, als unser Ärger und unsere Enttäuschung. Es ist eine Freude auf dem Grunde unseres Herzens. Wenn Jesus eintritt in mein Herz, dann berührt er die Freude in der Tiefe meines Herzens, damit sie meinen Leib und meine Seele durchdringe.

Wenn Jesus eintritt in mein Herz,
dann berührt er die Freude in der Tiefe meines Herzens,
damit sie meinen Leib und meine Seele durchdringe.

» Dies alles ist geschehen, damit sich erfüllte, was der Herr durch den Propheten gesagt hat: Seht, die Jungfrau wird ein Kind empfangen, einen Sohn wird sie gebären, und man wird ihm den Namen Immanuel geben, das heißt übersetzt: Gott ist mit uns. «

Mt 1,22-23

Und man wird ihm den Namen Immanuel geben, das heißt Gott ist mit uns.

Am vierten Adventssonntag steht Maria im Mittelpunkt, die Mutter Jesu. Sie hat der Botschaft des Engels getraut. Sie hat das Wort Gottes so tief in sich eingelassen, dass sie davon schwanger wurde. So wird das Wort Gottes in ihr Fleisch. Es wird in ihr geboren. Der Sohn, den sie gebären wird, wird Immanuel heißen: Gott mit uns. Gott ist mit uns. Das ist die Verheißung des Advents. Das ist die Frohe Botschaft von Weihnachten. Unsere Aufgabe ist es, wie Maria unseren Schoß Gott hinzuhalten, damit er auch in uns geboren werden kann. Wenn wir Gottes Wort so ins Herz fallen lassen, wie es Maria getan hat, dann wird es unser Leben verwandeln. Dann wird Gott auch in uns als Kind neu geboren werden. Ein Kind ist die Verheißung eines neuen Anfangs, die Verheißung, dass alles in uns neu wird, dass wir in Berührung kommen mit dem ursprünglichen und unverfälschten Bild, das Gott sich von jedem von uns gemacht hat.

» Nach einigen Tagen machte sich Maria auf den Weg und eilte in eine Stadt im Bergland von Judäa. Sie ging in das Haus des Zacharias und begrüßte Elisabet. Als Elisabet den Gruß Marias hörte, hüpfte das Kind in ihrem Leib. Da wurde Elisabet vom Heiligen Geist erfüllt und rief mit lauter Stimme: Gesegnet bist du mehr als alle anderen Frauen, und gesegnet ist die Frucht deines Leibes. Wer bin ich, dass die Mutter meines Herrn zu mir kommt? In dem Augenblick, als ich deinen Gruß hörte, hüpfte das Kind vor Freude in meinem Leib. Selig ist, die geglaubt hat, dass sich erfüllt, was der Herr ihr sagen ließ. «

Lk 1,39-45

Selig ist die, die geglaubt hat, dass sich erfüllt, was der Herr ihr sagen ließ.

Was zeichnet Maria aus? Sie ist selig, weil sie geglaubt hat, dass in Erfüllung gehen wird, was ihr der Herr durch den Engel gesagt hat. Maria ist die glaubende und vertrauende Frau. Sie hört auf die leisen Stimmen des Engels in ihr. Sie traut den Verheißungen Gottes. Jeder von uns – so sagen uns die Mystiker – muss Maria werden, die das göttliche Kind gebiert. Maria ist die horchende Frau. Sie hört so hin, dass das Gehörte in ihr Fleisch annimmt und so ganz zu ihr gehört. Maria ist die Jungfrau. Sie definiert sich nicht vom Menschen her, sondern von Gott her. Sie wird nicht fruchtbar durch einen Mann, sondern von Gott. Das ist ein Bild für uns.

» Maria sagte zu dem Engel: Wie soll das geschehen, da ich keinen Mann erkenne? Der Engel antwortete ihr: Der Heilige Geist wird über dich kommen, und die Kraft des Höchsten wird dich überschatten. Deshalb wird auch das Kind heilig und Sohn Gottes genannt werden. Auch Elisabet, deine Verwandte, hat noch in ihrem Alter einen Sohn empfangen, obwohl sie als unfruchtbar galt, ist sie jetzt schon im sechsten Monat. Denn für Gott ist nichts unmöglich. Da sagte Maria: Ich bin die Magd des Herrn; mir geschehe, wie du es gesagt hast. «

Lk 1,34-38

Mir geschehe, wie du es gesagt hast.

Der wahre Christ ist nach den Mystikern zugleich Jungfrau und Mutter. Als Jungfrau traut er Gott zu, dass er ihn befruchtet, dass er in ihm Gestalt gewinnt. Und er als Mutter trägt das göttliche Kind. Da hält er Gott in seinen zärtlichen Armen. Das Kind darf man nicht hart anfassen. So können wir Gott nur mit zärtlichen Händen berühren, nur im stillen Staunen erahnen als den, der in unserem Herzen wohnt, der Licht und Liebe hineinbringt in die Dunkelheit und Härte unseres Herzens. Wir müssen wie Maria werden, um Weihnachten als Fest der Geburt Christi in uns feiern zu können.

» Maria gebar ihren Sohn, den Erstgeborenen. Sie wickelte ihn in Windeln und legte ihn in eine Krippe, weil in der Herberge kein Platz für sie war. «

Lk 2,7

Weil in der Herberge kein Platz für sie war.

Für den Sohn Mariens, für den Sohn Gottes, war kein Platz in der Herberge. Diese Worte aus dem Lukasevangelium haben zum volkstümlichen Brauch der »Herbergssuche« geführt. Offensichtlich hat es die Menschen seit jeher berührt, dass diese Welt Gott keine Herberge bereitet hat. Darin haben sich die Menschen verstanden gefühlt, die in dieser Welt heimatlos sind, die Flüchtlinge, denen man die Heimat geraubt hat, die Unbehausten, die sich in dieser Welt nicht zurechtfinden, und die, die noch keinen Ort gefunden haben, wo sie hingehören und zugehören, wo sie gehört werden und Worte der Liebe hören. Für Jesus war kein Platz in der Herberge. Aber dort, wo er ist, entsteht Herberge für die Menschen. Jesus hat um sich einen Raum geschaffen, in dem sich Menschen verstanden und gehört fühlten. In seiner Nähe wussten sie sich zugehörig zur Familie Gottes. Da haben sie ihre menschliche Würde entdeckt. Da entstand ein Raum des Vertrauens, in dem sie sich bedingungslos angenommen wussten. Wenn wir Jesus an Weihnachten einlassen, dann bieten wir ihm in uns eine Herberge an. Aber dort, wo Jesus wohnt, in unserem Herzen, in unseren Häusern, in unseren Gemeinschaften, da wissen wir uns geborgen. Da können wir bei uns selbst zuhause sein, da bekommt unser Selbst einen Ort, an dem es sich zugehörig fühlt, angenommen, geliebt.

Bibliografische Information der Deutschen Nationalbibliothek
Die Deutsche Nationalbibliothek verzeichnet diese Publikation in der Deutschen Nationalbibliografie; detaillierte bibliografische Daten sind im Internet über http://dnb.d-nb.de abrufbar.

Quellenverzeichnis:

Texte
Einheitsübersetzung der Heiligen Schrift
© 1980 Katholische Bibelanstalt, Stuttgart

Bilder
Umschlag: © doris oberfrank-list/Fotolia
Vorsatz: © Wenk Marcel / shutterstock
Seite 7: © OutdoorPhoto / Fotolia
8/9: © fotohunter / shutterstock
10/11: © Andreas P / Fotolia, Detailbild: © OutdoorPhoto / Fotolia
12/13: © Fanfo / shutterstock
14/15: © hjschneider / Fotolia
16/17: © tarasov / shutterstock
18/19: © Deminos / Fotolia, Detailbild: © kaiotte / Fotolia
20/21: © Pikoso.kz / shutterstock
22/23: © Studio Porto Sabbia / Fotolia
24/25: © Robert Kneschke / Fotolia, Detailbild: © Reena / Fotolia
26/27: © Michael Thaler / shutterstock
28/29: © picture alliance / dpa, Detailbild: © monropic / Fotolia
30/31: © StefanieB. / Fotolia

Besuchen Sie uns im Internet unter:
www.st-benno.de

Gern informieren wir Sie unverbindlich und aktuell auch in unserem Newsletter zum Verlagsprogramm, zu Neuerscheinungen und Aktionen. Einfach anmelden unter www.st-benno.de.

ISBN 978-3-7462-4122-7

Umschlag: Ulrike Vetter, Leipzig
Gesamtherstellung: Arnold & Domnick, Leipzig (A)